Pero Vaz de Caminha y Américo Vespucio

Carta de Pero Vaz de Caminha
y El Nuevo Mundo

Barcelona 2024
Linkgua-ediciones.com

Créditos

Título original: Carta de Pero Vaz de Caminha y El Nuevo Mundo.

© 2024, Red ediciones S.L.
Traducciones de Linkgua ediciones y Ana María Aznar.

e-mail: info@linkgua.com

Diseño de cubierta: Michel Mallard.

ISBN rústica ilustrada: 978-84-9953-772-6.
ISBN ebook: 978-84-9897-365-5.

Sumario

Brevísima presentación de la Carta de Pêro Vaz de Caminha sobre el descubrimiento de Brasil[1]

La *Carta de Pero Vaz de Caminha* sobre el descubrimiento de Brasil, fechada en el año 1500, y la carta de Américo Vespucio luego titulada de *Mundus Novus*, del 1502, constituyen los dos primeros documentos que nos hablan de la población aborigen de Brasil. Estos textos ofrecen dos descripciones opuestas del Nuevo Mundo. En la primera de estas cartas se elogia la belleza natural del Nuevo Mundo y de sus habitantes, mientras que el florentino Vespucio acuña poco después la imagen de los indios feos y monstruosos. Lejos de tratarse de apreciaciones estéticas diferentes en cuanto al físico de los indios, la percepción de la belleza, o, respectivamente, de la fealdad, tienen un impacto fundamental en la evaluación moral que se hace de los indios, y más allá todavía, en los propios conceptos del mundo esbozados por ambos autores.

1   Véase: ¿Belleza o monstruosidad? La descripción e interpretación del físico de los indios brasileños en las cartas de Pêro Vaz de Caminha (1500) y Amerigo Vespucci (1502), Cornelia Sieber, *Cuerpos extra/ordinarios*, Barcelona, Linkgua, 2018.

Carta de Pero Vaz de Caminha[2]

Señor,

ya que el capitán general de esta Vuestra flota,[3] y así los demás capitanes, escriben a Vuestra Alteza la noticia del hallazgo de esta nueva tierra Vuestra, que si ahora se encuentra en esta navegación, no dejaré de dar mi cuenta de ella a Vuestra Alteza, lo mejor que puedo, aunque, por decirlo y hablarlo, ¡lo sé peor que nadie! Sin embargo, Vuestra Alteza debe tomar por buena voluntad mi ignorancia, que ciertamente cree que, para embellecer o desmerecer, no tendrá que poner aquí más de lo que vi y me pareció.

No daré cuenta a Vuestra Alteza de la navegación y cruces del camino aquí, porque no sabré hacerlo, y los pilotos deben tener cuidado.

Y pues, Señor, de lo que voy a hablar empiezo:

Y digo qué: La salida de Belén[4] fue, como Vuestra Alteza sabe, el lunes 9 de marzo. Y el sábado 14 de ese mes, entre las ocho y las nueve de la mañana, estamos entre Canarias, más cerca de Gran Canaria. Y allí anduvimos todo aquel día en calma, a la vista de ellos, obra de 3 o 4 leguas. Y el domingo 22 de ese mes, como a las diez, tuvimos una vista

2 La *Carta de Pero Vaz de Caminha al rey al Manuel* es considerada el primer documento de la historia de Brasil.
Esta crónica del Brasil, ha provocado muchos estudios y ediciones, desde su primera publicación a cargo del padre Manuel Aires de Casal en la *Corografía brazilica*. El original de este documento, con número total de 27 páginas de texto, se encuentra en el Archivo Nacional de la Torre do Tombo, en Lisboa. (N. del E.)
3 La flota constaba de trece barcos, al mando de Pedro Álvares Cabral. (N. del E.)
4 Un barrio de Lisboa. Desde allí partían y regresaban las naves de la Carrera de Indias, pasaban las cuarentenas y hacían los trámites de aduana. (N. del E.)

de las islas de Cabo Verde, a saber, la isla de São Nicolau, según el dicho de Pero Escolar, piloto.

¡La noche después de que amaneciera el lunes,[5] Vasco de Ataíde se perdió de la flota con su navío, sin tiempo fuerte o contrario a poder ser!

El capitán se esforzó por encontrarlo, en ambos lugares. Pero... ¡ya no apareció!

Y así seguimos nuestro camino, por esta larga mar, hasta que el martes de la Octava de Pascua, que fue 21 de abril, encontramos algunas señales de tierra, siendo de la dicha Isla, según dijeron los pilotos, obra de 660 o 670 leguas, que eran mucha hierba alta, que los marineros llaman *botelho*, y también otras que llaman cola de asno. Y el miércoles siguiente, por la mañana, nos topamos con unos pájaros llamados furabuchos.

¡Ese mismo día, a las horas del día anterior, vimos tierra! Es decir, primero de un gran montículo, muy alto y redondo; y de otras crestas más bajas al sur de la misma; y tierra llana, con grandes arboledas; que el capitán llamó Monte Pascoal y la tierra ¡Tierra de la Vera Cruz!

Ordenó lanzar la plomada. Encontraron 25 brazas. Y a la puesta del Sol, como a 6 leguas de tierra, echamos anclas, a 19 brazas, fondeadero limpio. Allí nos quedamos toda la noche. Y el jueves por la mañana zarpamos y fuimos derecho a tierra, yendo adelante los navíos, a 17, 16, 15, 14, 12, 9 brazas, a media legua de tierra, donde echamos ancla todos, frente a la desembocadura de un río.

Y llegaríamos a este fondeadero a las diez o así.

Y de allí vimos hombres caminando por la playa, como siete u ocho, según las barquitas que llegaron primero.

5   23 de marzo de 1500. (N. del E.)

Luego arrojamos los botes y esquifes. Y pronto todos los capitanes de los barcos llegaron a este barco del capitán general. Y allí hablaron. Y el capitán envió a Nicolau Coelho a tierra para ver ese río. Y tan pronto como comenzó a ir allí, dos y tres hombres llegaron por la playa, de modo que cuando la barca llegó a la desembocadura del río, ya había allí dieciocho o veinte.

Marrón, desnudo, sin nada que cubra su vergüenza. Llevaban arcos en sus manos y sus flechas. Todos venían rígidos hacia el bote. Y Nicolau Coelho les hizo señas de que bajaran los arcos. Y los depusieron. Pero no podía haber palabras ni entendimiento de ellos que valieran, porque el mar rompía en la orilla.

Solo le arrojó una gorra roja y una gorra de lino que llevaba en la cabeza, y un sombrero negro. Y uno de ellos le arrojó un sombrero de largas plumas de ave, con una tacita de plumas rojas y marrones, como de papagayo. Y otro le dio una gran faja de cuentas blancas, chiquitas que quieren parecer de aljófar, que creo que manda el capitán a Vuestra Alteza. Y con esto volvió a las naves, porque era tarde y no se podía hablar más de ellas, por la mar. La noche siguiente hizo tanto viento del sureste con aguaceros que hizo que los barcos buscaran abrigo. Y especialmente el capitán. Y el viernes por la mañana, a las ocho, poco más o menos, por consejo de los prácticos, mandó al capitán levar anclas y hacerse a la vela. Y nos fuimos por la costa, con las barcas y esquifes amarrados a la popa, rumbo al norte, a ver si hallábamos algún refugio y buen desembarcadero, donde quedarnos, a buscar agua y leña. No porque ya estemos menguando, sino porque aquí nos prevenimos. Y cuando zarpábamos, ya estarían en la playa, sentados junto al río, obra de sesenta o setenta hombres que se habían ido reuniendo allí poco a poco. Seguimos adelante, y el capitán ordenó a las naves pequeñas que estaban más cerca de tierra, y si encontraban un desembarco seguro para las naves, que las dejaran hundirse.

Y estando nosotros navegando por la costa, a distancia de 10 leguas del lugar donde habíamos echado anclas, hallaron los dichos navíos un escollo con puerto adentro, muy bueno y muy seguro, con muy ancha entrada. Y ellos entraron y se calmaron. Y los barcos iban llegando, tras ellos. Y justo antes de la puesta del Sol también se hundieron, tal vez a una legua del arrecife, y anclaron a 11 brazas.

Y estando Alfonso López, nuestro piloto, en uno de aquellos navíos pequeños, fue, por mandato del capitán, como era hombre vivo y diestro para eso, luego se puso en el esquife a sondear el puerto por dentro. Y tomó dos de aquellos hombres de la tierra que estaban en una almadía, jóvenes y de buenos cuerpos. Uno de ellos llevaba un arco y seis o siete flechas. Y en la orilla andaban muchos con sus arcos y flechas; pero no los aprovechó. Luego, por la noche, los llevó a la nave capitana, donde fueron recibidos con gran alegría y fiesta.

Sus facciones son morenas, un poco rojas, con buenas caras y buenas narices, bien hechas. Andan desnudos, sin ningún tipo de cobertura. Tampoco les importa más tapar o dejar de tapar su vergüenza que dar la cara. En esto son de gran inocencia. Ambos tenían un labio inferior perforado y un hueso real, del largo de una mano traviesa, y del grosor de un huso de algodón, afilado en el extremo como un punzón, insertado en él. Los meten por dentro del labio; y la parte que está entre los labios y los dientes está hecha como un juego de ajedrez. Y lo introducen allí de tal manera que no les hace daño, ni les estorba para hablar, comer o beber.

Sus cabellos son lisos. Y estaban rapados, con un clip alto en lugar de peine, de buen tamaño, pero rapados sobre las orejas. Y uno de ellos tenía, de lado a lado, en la espalda, una especie de cabello, hecho de plumas amarillas de ave, que habría sido del largo de un muñón, muy grueso, que le cubría la espalda y las orejas. Y se fue pegando a su cabello, pluma a pluma, con un aspecto tan suave, que su cabello quedó muy redondo y muy tupido, y muy parejo, y no necesitó lavarse más para levantarlo.

El capitán, cuando llegaron, estaba sentado en una silla, con una alfombra a sus pies por plataforma; y bien vestido, con un collar de oro muy grande alrededor de su cuello. Y Sancho de Tovar, y Simão de Miranda, y Nicolau Coelho, y Aires Corrêa, y los demás que íbamos con él aquí en el barco, sentados en el suelo, en esa alfombra. Se encendieron antorchas. Y entraron. Pero no hicieron ninguna señal de cortesía, ni de hablar con el capitán; ni a nadie. Sin embargo, uno de ellos miró el collar del capitán y comenzó a mover su mano hacia la tierra, y luego hacia el collar, como para decirnos que había oro en la tierra. Y también miró un candelabro de plata, e incluso entonces estaba saludando a la tierra y nuevamente al candelero, ¡como si allí también hubiera plata!

Se les mostró un loro café que el capitán tiene consigo; inmediatamente lo tomaron en la mano y saludaron a la tierra, como si estuvieran allí.

Les mostraron un carnero; no se fijó en él.

Les mostraron un pollo; casi le tenían miedo y no quisieron ponerle una mano encima. Entonces lo atraparon, pero como con asombro.

Allí les daban de comer: pan y pescado cocido, dulces, provisiones, miel, higos secos. No querían comer casi nada de eso; y si probaban algo, inmediatamente lo tiraban.

Les trajeron vino en una copa; tan pronto como le pongan la boca. No les gustaba en absoluto, ni querían más.

Se les trajo agua en una barca, cada uno probó su colutorio, pero no bebió; simplemente se lavaron la boca y lo tiraron.

Uno de ellos vio un rosario blanco; hizo señas de que se los dieran, y él se complació mucho en ellos, y se los echó al cuello; y luego se las quitó y se las puso alrededor del brazo, y saludó al suelo y de nuevo a las cuentas y al collar del capitán, como si dieran oro por eso.

¡Esto lo tomamos en ese sentido, como deseábamos! Pero si él quería decir que tomaría las cuentas y el collar, no queríamos entender, ¿por qué no íbamos a dárselo? Y luego devolvió las cuentas al que las había dado. Y luego se tendieron de espaldas sobre la alfombra, durmiendo sin buscar formas de cubrir su vergüenza, que no eran avivadas; y su cabello estaba pulcramente afeitado y peinado.

El capitán mandó poner un cojín debajo de la cabeza de cada uno; y el del cabello hizo lo posible por no estropearlo. Y les pusieron un manto sobre ellos; y consintiendo, se acurrucaron juntos y se durmieron.

El sábado por la mañana el capitán mandó zarpar, fuimos a buscar la entrada, que era muy ancha y tenía de 6 a 7 brazas de fondo. Y entraron todas las naves, y anclaron en 5 o 6 brazas, fondeadero que por dentro es tan grande y tan hermoso, y tan seguro, que en él pueden estar más de doscientas naves. Y tanto que las naves repartidas y ancladas, vinieron todos los capitanes a esta nave del capitán general. Y desde aquí mandó el capitán a Nicolau Coelho y a Bartolomeu Dias que bajasen a tierra y llevaran a aquellos dos hombres, y les dejaran ir con su arco y sus flechas, a lo que mandó dar a cada uno una camisa nueva y una gorra roja y un rosario de blanco y cuentas de hueso, que llevaban en los brazos, y una serpiente de cascabel y una campanilla. Y envió con ellos, para que se quedara allí, a un joven desterrado, criado de don João Telo, llamado Afonso Ribeiro, para ir allí con ellos y conocer su forma de vida. Y me ordenó ir con Nicolau Coelho. Así que fuimos directamente a la playa. Pronto llegaron cerca de doscientos hombres, todos desnudos, con arcos y flechas en sus manos.

Los que capturamos les hicieron señas para que se alejaran y bajaron sus arcos. Y los depusieron. Pero no se alejaron mucho. Y apenas habían dejado sus arcos, cuando salieron los que llevábamos, y el joven fue desterrado con ellos. Y las salidas no pararon más; ni se esperaron el uno al otro, sino que corrieron hacia el que más corría. Y pasaron un río que corre allí, de agua dulce, de mucha agua que les dio la braga. Y muchos otros con ellos. Y así fueron corriendo más allá del río entre unos palmares donde había otros. Y allí se detuvieron. Y en eso el desterrado se había ido con un hombre que, tan pronto como se bajó de la barca, lo envolvió y lo llevó allí.

Pero pronto nos lo hicieron. Y con él venían los otros que habíamos llevado, que ya estaban desnudos y sin sus capuchas.

Y entonces empezaron a llegar muchos; y entraron por la orilla del mar por las barcas, hasta que no pudieron más.

Y trajeron jícaras de agua, y tomaron unos toneles que nosotros tomamos y los llenaron de agua y los trajeron a las barcas. No es que alguna vez subieran a bordo del barco. Pero junto a él, se los tiraron de la mano. Y los llevamos. Y les pidieron que les dieran algo.

Nicolau Coelho tomó serpientes de cascabel y grilletes. Y a unos les dio una serpiente de cascabel, ya otros un grillete, de modo que con ese encarnado casi querían darnos una mano. Nos dieron esos arcos y flechas a cambio de sombreros y sombreros de lino, y cualquier cosa que quisieras darles.

De allí partieron los otros, dos jóvenes, que nunca más los volvimos a ver.

De los que anduvieron por ahí, muchos —casi la mayoría— tenían esos picos de hueso en los labios.

Y algunos, que andaban sin ellos, tenían los labios perforados y en los agujeros traían espejos de madera, que parecían espejos de goma. Y algunos de ellos tenían tres de esas boquillas, a saber, una en el medio y las dos en las manijas.

Y había otros, cuarteados con colores, la mitad de ellos en su propio color, y la mitad en tinte negro, un poco azulado; y otros cuartos de escaques.

Caminaban entre ellos tres o cuatro muchachas, muy jóvenes y bondadosas, de cabellos muy negros y largos por la espalda; y sus vergüenzas, tan altas y tan apretadas y tan limpias de cabello que, si las mirábamos bien, no se avergonzaban.

Allí ya no hubo más habla ni entendimiento con ellos, porque su barba era tan grande que nadie podía entender ni oír a nadie. Los despedimos. Y así lo hicieron, y fueron más allá del río.

Y de las barcas salieron tres o cuatro de los nuestros, y llenaron no sé cuántos barriles de agua que llevábamos.

Y volvemos a los barcos. Y cuando llegamos, nos hicieron señas para que volviéramos. Volvimos, y mandaron al presidiario y no querían que se quedara allí con ellos, que traían una palangana pequeña y dos o tres gorros colorados para dar al señor, si lo había. No intentaron quitarle nada, lo enviaron con todo. Pero luego Bartolomeu Dias lo hizo volver otra vez, para darle eso. Y volvió y se la dio, por nosotros, al que había vestido al primero. Y luego vino, y lo llevamos. El que lo envolvió ya era viejo, y paseaba con gallardía, lleno de plumas, por todo su cuerpo, que parecía sentado como San Sebastián. Otros llevaban cofias de plumas amarillas; y otros, de color rojo; y otros en verde. Y una de aquellas muchachas fue teñida de abajo arriba, con aquel tinte, y era cierta que era tan bien hecha y tan redonda, y era tan graciosa su vergüenza, que muchas mujeres de nuestra tierra, viéndola tales facciones, se avergonzaban, porque ellos no tenían el suyo también.

Ninguno de ellos estaba avivado, pero todos eran como nosotros. Y con eso nos convertimos, y se fueron.

Por la tarde, el capitán general se fue en su barco con todos nosotros los demás capitanes de los barcos en sus barcos a descansar en la bahía, cerca de la playa. Pero nadie bajó a tierra, porque el capitán no quiso, aunque no había nadie en él. Acaba de salir, él con todos nosotros, en un islote grande que está en la bahía, que cuando baja la marea está muy vacía. Está rodeada de agua por todos lados, de modo que nadie puede ir allí, excepto en bote o nadando. Allí él y todos nosotros descansamos durante una hora y media. Y pescaban allí, andando unos marineros con un chinchorro; y mataron peces pequeños, no muchos. Y luego volvimos a los barcos, bien entrada la noche.

En la mañana del domingo de Pascua, el capitán determinó ir a oír misa y sermón en aquella isla. Y mandó a todos los capitanes que se arreglaran en las barcas y fueran con él. Y así se hizo. Mandó levantar un pabellón en aquella isleta, y dentro un altar muy bien arreglado. Y allí, con todos nosotros, hizo decir Misa, que dijo el padre fray Henrique, en voz cantada, y oficiada con esa misma voz por los otros sacerdotes que asistieron todos, Misa que, a mi juicio, fue escuchada por todos con mucho gusto y devoción.

Allí, con el capitán, estaba el estandarte de Cristo, con el que había salido de Belén, que siempre estaba muy alto, por parte del Evangelio.

Cuando terminó la misa, el sacerdote se desnudó y subió a una silla alta; y todos somos arrojados por esta arena. Y predicó una predicación solemne y provechosa, de la historia del evangelio; y al cabo se trataba de nuestra vida, y del hallazgo de esta tierra, refiriéndose a la Cruz, bajo cuya obediencia veníamos, que venía muy a propósito, y hacía mucha devoción.

Mientras asistíamos a la misa y al sermón, había tanta gente en la playa, un poco más o menos, como la de ayer, con sus arcos y flechas, y se divertían. Y mirándonos, se sentaron. Y terminada la Misa, estando nosotros sentados escuchando la predicación, muchos de ellos se levantaron y tocaron cuernos o bocinas y empezaron a dar brincos y bailar un poco. Y algunos de ellos entraron en almadías, dos o tres que estaban allí, que no son hechos como los que vi; son solo tres vigas, unidas entre sí. Y había cuatro o cinco, o los que querían, no lejos del suelo, hasta donde podían estar. Cuando terminó el sermón, el capitán, con todos nosotros, se dirigió a los botes, con nuestra bandera en alto. Embarcamos y fuimos todos hacia tierra para pasar por donde ellos estaban, yendo al frente, por orden del capitán, Bartolomeu Dias en su esquife, con un palo de una almadía que les había llevado la mar, para entregárselos. Y todos estamos detrás de él, a tiro de piedra.

Al ver el esquife de Bartolomeu Dias, inmediatamente se metieron todos en el agua, metiéndose en él lo más que pudieron. Les hicieron señas para que dejaran sus arcos y muchos de ellos pronto los desembarcaron; y otros no. Había uno que hablaba mucho con los demás, para mantenerse alejado. Pero no desde que me pareció que era respetado o temido. El que así los ahuyentaba llevaba su arco y sus flechas. Estaba teñido de rojo a través de sus pechos y espalda y bajando por sus caderas, muslos y piernas, pero los huecos con su vientre y estómago eran de su propio color. Y la tintura estaba tan roja que el agua no podía comerla ni romperla. Antes, cuando salía del agua, era más rojo. Un hombre salió del esquife de Bartolomeu Dias y caminó entre ellos, sin insinuar nada con él y mucho menos pensando en hacerle daño. Solo le dieron calabazas de agua; e hizo señas a los que estaban en el esquife para que desembarcaran. Con esto, Bartolomeu Dias se convirtió en capitán. Y vinimos a las naves, a comer, tocando trompetas y flautas, sin avergonzarlos más. Y volvieron a sentarse en la playa, y así se quedaron. En este islote, donde fuimos a oír misa y sermón, el agua se esparce mucho y descubre mucha arena y grava.

Mientras estuvimos allí, algunos fueron a buscar mariscos y no los encontraron. Pero encontraron unos camarones cortos y gruesos, entre los cuales uno era muy grande y muy grueso; nunca lo había visto tan grande. También encontraron conchas de berberechos y almejas, pero no encontraron piezas enteras. Y después que hubimos comido, inmediatamente vinieron todos los capitanes a este navío, por orden del capitán general, con quien desembarcó; y yo en la empresa. Y preguntó a todos si nos parecía bien enviar la noticia del hallazgo de esta tierra a Vuestra Alteza a través de la nave de abastecimiento, para mejor enviarla a descubrirla y conocerla más de lo que podíamos saber, como estábamos, yendo en nuestro viaje. Y entre muchos discursos que se hicieron sobre el caso, se dijo, por todos o por la mayoría, que sería muy bueno. Y en esto estuvieron de acuerdo. Y luego que fue tomada la decisión, preguntó además, si sería bien traer aquí por la fuerza un par de estos hombres para enviarlos a Vuestra Alteza, dejando aquí en su lugar otros dos de estos desterrados.

Y convinieron en que no era necesario llevar a los hombres a la fuerza, porque era costumbre de los que los llevaban a alguna parte a la fuerza decir que había todo lo que pedían; y qué mejor y mucho mejor información en la tierra darían dos hombres de esos desterrados que aquí dejamos, que la que darían si se los llevaran, porque es gente que nadie entiende. Ni pronto aprenderían a hablar, a saber tan bien decirlo, que es mucho mejor que otros no lo digan cuando Vuestra Alteza os mande aquí.

Y para que no cuidemos aquí por la fuerza tomando a nadie, ni haciendo escándalo; sino más bien, para calmarlos y apaciguarlos, solo para dejar a los dos exiliados aquí cuando nos fuimos de aquí.

Y por eso estaba decidido a verse mejor ante todos.

Hecho esto, el capitán nos dijo que fuéramos a tierra en las barcas. Y se vería bien, fuera lo que fuera el río. Pero también para relajarse.

Todos íbamos en los botes a tierra, armados; y la bandera con nosotros. Anduvieron allá por la playa, en la desembocadura del río, por donde íbamos; y antes que llegáramos, por la enseñanza que tenían antes, pusieron todos los arcos, y nos hicieron señas para que nos fuéramos. Pero tan pronto como los barcos pusieron sus proas en tierra, pronto pasaron más allá del río, lo cual no es más que un juego de porte. Tan pronto como desembarcamos, algunos de los nuestros cruzaron el río y se interpusieron entre ellos. Y algunos esperaron; y otros se alejaron. Sin embargo, la cosa era que todos estaban confundidos. De estos arcos con sus flechas daban para sombreros y cofias de lino, y para cualquier cosa que les daban. Tanta gente nuestra pasó y anduvo tan mezclada con ellos, que esquivaron y se fueron; y algunos subieron, donde estaban otros. Y luego el capitán hizo que dos hombres lo tomaran en sus faldas, y él cruzó el río, y los hizo volver a todos. Las personas que estaban allí no serían más que las personas habituales. Pero tan pronto como el capitán los llamó a todos, algunos vinieron a él, no porque lo reconocieran como el Señor, sino porque la gente, vaya, ya estaba cruzando el río. Allí hablaron y trajeron muchos arcos y abalorios, de los ya dichos, y los rescataron por cualquier cosa, de tal manera que los nuestros llevaron de allí a las naves muchos arcos, flechas y abalorios. Y luego se convirtió en el capitán río abajo. Y pronto muchos llegaron a su lado.

Allí se veían hombres gallardos, pintados de negro y rojo, y adornados, tanto por el cuerpo como por las piernas, que, por supuesto, se veían bien. También caminaban entre ellos cuatro o cinco mujeres, jóvenes, que desnudas no tenían mal aspecto. Entre ellos caminaba uno, con un muslo, desde la rodilla hasta la cadera y la nalga, todo manchado con ese tinte negro; y todo el resto de su color natural. Otro tenía ambas rodillas con las curvas así pintadas, y también el cuello de los pies; y sus vergüenzas tan desnudas, y tan inocentemente descubiertas, que no había vergüenza en ello. También estaba allí otra mujer, joven, con un niño o una niña, atada a sus pechos con un paño, de modo que solo se veían sus piernas. Pero en las piernas de la madre, y el resto, no había tela en absoluto.

Entonces el capitán subió por el río, que corre cerca de la playa. Y allí esperaba a un anciano con una pala de almadía en la mano. Habló, mientras el capitán estaba con él, en presencia de todos nosotros; pero nadie le entendía, ni él a nosotros, por más que le preguntaban sobre el oro, porque queríamos saber si estaba en la tierra. Este anciano tenía el labio tan perforado que podía pasar un grueso pulgar por el agujero. Y clavada en el agujero había una piedra verde, sin valor, que cerraba el agujero por fuera. Y el capitán le hizo quitárselo. Y no sabe de qué diablos estaba hablando y se lo llevaría a la boca al capitán para ponérselo. Nos hemos estado riendo un poco y haciendo bromas al respecto. Y entonces el capitán se disgustó y lo dejó. Y uno de nosotros le dio un sombrero viejo para la piedra; no porque valga nada, sino para mostrar. Y luego estaba el capitán, creo, para enviar a Su Alteza con las otras cosas. Dimos una vuelta mirando el riachuelo, que tiene mucha agua y es muy bueno. A lo largo hay muchas palmeras, no muy altas; y muy buenos palmitos. Cosechamos y comemos muchos de ellos.

Entonces el capitán bajó a la desembocadura del río, donde habíamos desembarcado.

Y más allá del río, muchos de ellos caminaban, bailando y divirtiéndose, unos contra otros, sin tomarse de la mano. Y lo hicieron bien. Luego pasamos al otro lado del río Diogo Dias, que había sido almacenero en Sacavém, que es un hombre agraciado y agradable. Y se llevó un gaitero nuestro con su armónica. Y se puso a bailar con ellos tomándolos de la mano; y ellos jugueteaban y reían y caminaban con él muy bien a la armónica.[6] Después de bailar, hizo allí muchas vueltas ligeras, caminando por el suelo y saltando de verdad, de lo que se asombraron y se rieron y se divirtieron mucho. Y aunque con eso los abrazó y los acarició mucho, inmediatamente se desviaron como animales salvajes, y subieron las escaleras. Y luego el capitán cruzó el río con todos nosotros,

6   Al son de la armónica. (N. del E.)

y anduvimos por la playa, largamente, mientras las barcas se acercaban a tierra. Y llegamos a una gran laguna de agua dulce que está cerca de la playa, porque todo ese arroyo de mar está empedrado y el agua sale por muchos lugares.

Y después que hubimos pasado el río, quedaron como siete u ocho de ellos para meterse entre los marineros que se retiraban a las barcas. Y de allí sacaron un tiburón que mató Bartolomeu Dias. Y se lo llevaron; y lo echaron en la playa. Bastará que hasta ahora, por muy domesticados que estuvieran en algún lugar, luego de una mano a otra se escurrían, como gorriones del corral. Nadie se atreve a hablarles duro para que no esquiven más. Y todo sale como ellos quieren, ¡por el bien de nosotros para domarlos!

Al anciano con quien el capitán había hablado, le dio una gorra roja. Y con toda la conversación que se hizo con él, y con el sombrero que le dio tanto que se despidió y empezó a cruzar el río, pronto se puso recatado. Y no quería volver del río a este lado. Los otros dos que tenía el capitán en los navíos, a quienes dio lo ya dicho, nunca más aparecieron aquí, hechos de donde deduzco que son gente bestial y de poca ciencia, y por lo tanto tan escurridiza.

Pero a pesar de todo esto, están bien curados y muy limpios. Y en eso estoy aún más convencido de que son como pájaros, o pequeños animales de monte, que el aire hace mejores plumas y mejor pelo que los blandos, porque sus cuerpos son tan limpios y tan gordos y tan hermosos que no puede ser más. Y esto me hace suponer que no tienen casas ni viviendas donde reunirse; y el aire en que se crean los hace tales. Al menos no hemos visto casas hasta ahora, ni nada parecido.

El capitán ordenó a ese presidiario, Afonso Ribeiro, que los acompañara nuevamente. Y fue; y anduvo mucho tiempo allí, mas a la tarde volvió, que le hicieron venir, y no le quisieron allí. Y le dieron arcos y flechas; y nada le quitaron. Antes dijo que uno de ellos le había quitado unas cuentas amarillas que traía y huyó con ellas, y se quejó y los otros le siguieron poco después, y se las quitaron y se las volvieron a dar; y luego lo mandaron a venir. Dijo que había visto pocas chozas con ramas verdes y chozas muy grandes entre ellas, como las de Entre Douro y Minho. Y así volvimos a las naves, casi de noche, a dormir. El lunes, después de comer, bajamos todos a tierra a beber agua. Vinieron entonces muchos; pero no tantos como otras veces. Y ya tenían muy pocos arcos. Y estaban un poco lejos de nosotros; pero luego poco a poco se mezclaron con nosotros; y se abrazaron y se regocijaron; pero algunos de ellos evadieron pronto. Allí hicieron unos lazos para hojas de papel y para algún sombrero viejo y para cualquier otra cosa. Y la cosa aconteció de tal manera, que veinte o treinta de los nuestros fueron con ellos a donde estaban muchos otros con muchachas y mujeres. Y trajeron de allí muchos arcos y cofias de plumas de ave, unas verdes, otras amarillas, de las cuales creo que el capitán enviará una muestra a Vuestra Alteza. Y según los que habían ido allí, jugaban con ellos. Este día los vimos más de cerca y más a nuestras anchas, como estábamos casi todos revueltos: unos adornados con aquellos tintes, otros por la mitad, otros con tal rasgo como de tela de ras, y todos con los labios perforados, muchos con huesos, y bastantes sin huesos. Algunos tenían erizos verdes, de árboles, que por el color querían parecer castaños, aunque eran mucho más pequeños. Y estaban llenos de diminutos granos rojos que, al aplastarlos entre los dedos, se deshacían en la pintura muy roja con la que estaban teñidos. Y cuanto más se mojaban, más rojos se ponían. Todos están afeitados hasta las orejas; así como cejas y pestañas.

Todos traen en la frente, de lado a lado, tintas de tinte negro, que parece una cinta negra del ancho de dos dedos. Y mandó el capitán que se interpusiesen el presidiario Afonso Ribeiro y otros dos presidiarios; y también Diogo Dias, por ser un hombre alegre, con quien se divertían. Y ordenó a los convictos que se quedaran allí esta noche. Todos se fueron; y caminó entre ellos. Y como dijeron después, anduvieron bastante legua y media a un pueblo, donde estarían nueve o diez casas, que decían eran tan largas, cada una, como esta capitana. Y eran de madera, y los lados de tablas, y cubiertos de paja, de buena altura; y todos ellos en un solo espacio, sin división alguna, tenían dentro muchos soportes; y de poste a poste una hamaca amarrada con cables a cada poste, alta, en que dormían. Y desde abajo, para calentarse, hacían sus hogueras. Y cada casa tenía dos puertitas, una en un extremo, y otra en el opuesto. Y dijeron que en cada casa estaban reunidas treinta o cuarenta personas, y así las hallaron; y que les dieron a comer del alimento que tenían, a saber, mucha batata, y otras semillas que da la tierra, las cuales comen. Y como se hacía tarde, pronto nos hicieron volver a todos; y no querían que ninguno se quedara allí. Y sin embargo, dijeron, querían venir con ellos. Allí rescataron serpientes de cascabel y otras cositas de poco valor, que llevaron, papagayos rojos, muy grandes y hermosos, y dos pequeños verdes, y gorros de plumas verdes, y un paño de plumas de muchos colores, una especie de tela muy hermosa, según Vuestra Alteza verá todas estas cosas, que os las enviará el capitán, como dijo. Y con eso vinieron; y volvimos a las naves.

El martes, después de comer, bajamos a tierra, a hacer leña y a lavar la ropa. Estaban en la playa cuando llegamos, unos sesenta o setenta, sin arcos y nada. Tanto es así que llegamos, vinieron directo a nosotros, sin esquivar. Y luego vinieron muchos, que habrían superado los doscientos, todos sin arcos. Y todos se mezclaron tanto con nosotros que algunos nos ayudaron a buscar leña y ponerla en las barcas. Y pelearon con los nuestros, y tomaron con placer. Y mientras hacíamos la madera, dos carpinteros estaban construyendo una gran cruz con un palo que había sido cortado ayer para este propósito. Muchos de ellos venían allí para estar con los carpinteros. Y creo que lo hacían más por ver la herramienta de hierro con que la hacían que por ver la cruz, porque no tienen nada que sea de hierro, y cortaban su madera y palos con piedras hechas como cuñas, clavadas en un palo entre ellos, dos tablillas, muy bien atadas y de tal manera que sean fuertes, porque allí se vieron. Ya era tanto su conversación con nosotros que casi se interpusieron en lo que teníamos que hacer. Y mandó el capitán a dos presidiarios y a Diogo Dias que fueran al pueblo y de ningún modo viniesen a dormir en los navíos, aunque los despidieran. Y así se fueron.

Mientras caminábamos por el bosque cortando leña, unos loros cruzaban estos árboles; unos son verdes y otros son marrones, otros son grandes y pequeños, de modo que me parece que habrá muchos en esta tierra. Pero los que vi no eran más de nueve o diez, como mucho. Entonces no vimos otras aves, excepto algunas palomas-seixeiras, y me parecieron bastante más grandes que las de Portugal. Varios dijeron que vieron tórtolas, pero yo no las vi.

Sin embargo, según los árboles, son muchos y grandes, y de infinitas especies, ¡no tengo ninguna duda de que hay muchas aves en este sertão!

Y cerca de la tarde volvimos a las naves con nuestra leña.

Creo, Señor, que todavía no he informado a Vuestra Alteza aquí de la forma de vuestros arcos y flechas. Los arcos son negros y largos, y las flechas largas; y sus hierros son cañas recortadas, como Vuestra Alteza verá algunas que creo que le enviará el capitán.

No desembarcamos el miércoles, porque el capitán estuvo todo el día en el barco de suministros, descargándolo y asegurándose de que lo que todos pudieran llevar a los barcos. Vinieron a la playa, muchos, como vimos desde los barcos. Serían cerca de trescientos, según Sancho de Tovar, que fue allí. Diogo Dias y Afonso Ribeiro, el presidiario, a quien el capitán había ordenado ayer dormir allí de todos modos, habían regresado por la noche, porque no querían que se quedaran allí. Y trajeron papagayos verdes; y otras aves negras, casi como urracas, con la diferencia de que tienen el pico blanco y la cola corta. Y cuando Sancho de Tovar volvió a la nave, algunos querían venir con él; pero no admitió sino a dos jóvenes, bien dispuestos y hombres de valor. Los hizo pensar y curar muy bien aquella noche. Y comieron toda la comida que les dieron, y mandó que les dieran sábanas, como dijo. Y durmieron esa noche. Y no había más este día para que la escritura fuera. El jueves último de abril comimos pronto, casi de mañana, y bajamos a tierra por más leña y agua. Y cuando el capitán quiso salir de esta nave, llegó Sancho de Tovar con sus dos huéspedes. Y como aún no había comido, le pusieron toallas encima y le llegó la comida. Y comió. Los invitados lo sentaron cada uno en su silla. Y de todo lo que se les dio, comieron muy bien, sobre todo calamares cocidos, y arroz. No les dieron vino porque Sancho de Tovar dijo que no lo bebían bien. Cuando acabamos de comer subimos todos a la barca, y ellos con nosotros. Un grumete le dio a uno de ellos una gran armadura de cerdo salvaje. Y tan pronto como lo tomó, se lo puso en el labio; y porque si no quería agarrarlo, le daban un poco de cera roja. Y ajustó su manto por atrás para que aguantase, y se lo puso sobre el labio, girando así hacia arriba; y estaba tan feliz con ella, como si tuviera una gran joya. Y tan pronto como salimos a tierra, él se fue enseguida con ella. Y no volvió a aparecer por allí.

Ocho o diez de ellos paseaban por la playa cuando salíamos; y desde entonces empezaron a venir. Y me parece que cuatrocientos o cuatrocientos cincuenta vendrían a la playa este día. Algunos de ellos portaban arcos y flechas; y todo lo dieron a cambio de capuchas y de cualquier cosa que les dieran. Comieron con nosotros lo que les dimos, y algunos de ellos bebieron vino, mientras que otros no pudieron. ¡Pero me parece que si se acostumbran, lo beberán de buena gana! Todos estaban tan bien dispuestos y tan bien hechos y galantes con sus agradables pinturas. De esta leña tomaron cuanto pudieron, con mil buenas voluntades, y la llevaron a las barcas. Y ya eran más mansos y seguros entre nosotros que nosotros entre ellos. El capitán se fue con algunos de nosotros un poco por esta arboleda a un arroyo grande, y con mucha agua, que a nuestro parecer es el mismo que viene a la playa, donde bebemos agua. Allí descansamos un poco, bebiendo y divirtiéndonos, a lo largo de ella, entre esta arboleda tan grande y tan tupida y con una calidad de follaje que es imposible calcular. Hay muchas palmeras allí, de las cuales cosechamos muchos buenos palmitos.

Al salir de la barca, el capitán dijo que nos vendría bien ir directos a la cruz que estaba apoyada en un árbol, junto al río, para ser colocada mañana viernes, y que nos subiéramos todos, de rodillas y besarla por ellos, mira el respeto que le teníamos. Y así lo hicimos. Y a los diez o doce que allí estaban, les hicieron señas para que hicieran lo mismo; y luego todos fueron a besarla. Me parecen gentes de tal inocencia que, si entendiéramos su lenguaje y ellos entendieran el nuestro, inmediatamente serían cristianos, ya que no tienen ni entienden creencia alguna, según las apariencias. Y por tanto, si los desterrados que aquí se quedarán aprenden bien vuestras palabras y las entienden, no tengo duda de que, según la santa intención de Vuestra Alteza, se harán cristianos y creerán en nuestra santa fe, de la que se complace Nuestro Señor. Tráelos, porque ciertamente esta gente es buena y de hermosa sencillez. Y cualquier sello que queráis darles se les imprimirá fácilmente, ya que Nuestro Señor les ha dado buenos cuerpos y buenos rostros, como a hombres de bien. Y el que Él nos trajera aquí, creo, no fue sin razón. Y por tanto Vuestra Alteza, ya que tanto anhela añadir a la santa fe católica, debe cuidar de su salvación. ¡Y agradará a Dios que con poco trabajo así sea!

Ni aran ni crían. Tampoco hay buey o vaca, cabra, oveja o pollo, o cualquier otro animal que esté acostumbrado a la vida del hombre. Y solo comen este ñame, que aquí hay mucho, y esas semillas y frutos que arrojan la tierra y los árboles. Y con esto van tan tiesos y tan ingenuos que no somos tanto, con cuanto trigo y legumbres comemos. Ese día, mientras paseaban por allí, bailaban y bailaban siempre con nuestra gente, al son de nuestros rapes, como si fueran más amigos nuestros que nosotros de los vuestros. Si la gente los saludaba, si querían venir a los barcos, se preparaban enseguida, de modo que si los invitábamos a todos, vendrían todos. Pero tomamos los barcos esta noche para cuatro o cinco; a saber, el capitán general, dos; y Simão de Miranda, uno que ya tenía por paje; y Aires Gomes a otro paje también. Los que trajo el capitán era uno de sus invitados que le habían traído la primera vez que llegamos aquí, que vino aquí hoy vestido con su camisa, y su hermano con él; y esa noche estuvieron muy bien acurrucados tanto con comida como con ropa de cama, con colchones y sábanas, para ablandarlos. Y hoy, que es viernes, primero de mayo, por la mañana salimos a tierra con nuestra bandera; y fuimos a desembarcar arriba del río, hacia el sur, donde nos pareció que sería mejor levantar la cruz, para ser mejor vistos. Y allí marcó el capitán el lugar donde harían el hoyo para cavarlo. Y mientras la abrían, él con todos los demás pasamos junto a la cruz, río abajo donde estaba. Y con las religiosas y sacerdotes que cantaban, al frente, la traíamos de allí, en procesión. Ya había allí un número de ellos, como setenta u ochenta; y cuando nos vieron llegar así, algunos se metieron debajo para ayudarnos. Pasamos el río, a lo largo de la playa; y fuimos a ponerla donde había de estar, que será obra de dos tiros de ballesta del río. Caminando allí en él, vendrían más de ciento cincuenta, o más. Una vez plantada la cruz, con las armas y divisa de Vuestra Alteza, que primero se le había clavado, levantaron un altar a sus pies. Allí, el padre Frei Henrique dijo misa, que fue cantada y oficiada por los ya dichos.

Allí estaban con nosotros, ella, unos cincuenta o sesenta, todos sentados de rodillas como nosotros. Y cuando llegó al Evangelio, que todos nos pusimos de pie, con las manos en alto, ellos se levantaron con nosotros, y levantaron sus manos, de pie así hasta llegar al final; y luego volvieron a sentarse, como nosotros. Y cuando subieron a Dios, que nos pusimos de rodillas, se pusieron tal como estábamos nosotros, con las manos levantadas, y de una manera tan pacífica, que doy fe a Vuestra Alteza que nos mostrásteis mucha devoción.

Fueron así con nosotros hasta que terminó la comunión; y después de la comunión, estos religiosos y sacerdotes recibieron la comunión; y el capitán con algunos de nosotros otros. Y algunos de ellos, porque el Sol es grande, se levantaron mientras estábamos en comunión, y otros se quedaron y se quedaron. Uno de ellos, un hombre de cincuenta o cincuenta y cinco años, se quedó allí con los que se quedaron. Este, estando nosotros así, reunió a los que allí habían quedado, y llamó a otros todavía. Y andando así entre ellos, hablándoles, les hizo señas con el dedo hacia el altar, y después lo mostró con el dedo hacia el cielo, como diciéndoles algo bueno; y así lo tomamos.

Terminada la misa, el sacerdote se quitaba las vestiduras y se quedaba por la mañana; y así subió, por el altar, en una silla; y allí nos predicó el Evangelio y de los Apóstoles cuyo día es, tratando al final de la predicación que vuestra continuación tan santa y virtuosa, que nos causaba mayor devoción.

Los que siempre estaban en la predicación eran como nosotros mirándolo. Y el que digo llamó para que algunos vinieran allí. Algunos vinieron y otros se fueron; y cuando terminó la predicación, Nicolau Coelho trajo muchas cruces de hojalata con crucifijos, que todavía tenía de la otra venida. Y tuvieron a bien echarse cada uno alrededor de su cuello. Por eso, el Padre Fray Henrique se sentó al pie de la cruz; y allí se echó todo —uno a uno— alrededor de su cuello, atado con un hilo, haciéndolo besarlo primero y levantar las manos. Muchos llegaron a esto; y los echaron todos, que sería obra de cuarenta o cincuenta. Y cuando esto terminó, ya era bien pasado el mediodía, llegamos a las naves a comer, donde el capitán trajo consigo al mismo que hizo ese gesto a los demás hacia el altar y hacia el cielo (y un hermano suyo con él). A aquél le hizo mucho honor y le dio una camisa de moro; y al otro una camisa diferente. Y según me parecía a mí ya todos, esta gente no tiene otra cosa que hacer para ser plenamente cristianos, sino entendernos, porque así tomaron como nosotros mismos lo que nos vieron hacer; por lo cual pareció a todos que no tienen ni idolatría ni culto. Y bien creo que si Vuestra Alteza manda aquí al que anda más lento entre ellos, todos se volverán y convertirán a la voluntad de Vuestra Alteza. Y así, si alguno viene, que venga inmediatamente un clérigo para bautizarlo; porque para entonces tendrán más conocimiento de nuestra fe, por medio de los dos desterrados que quedan aquí entre ellos, que también hoy comulgaron. Entre todos los que vinieron hoy, solo había una mujer, una niña, que siempre estaba en misa, a quien le dieron un paño para cubrirse; y lo pusieron alrededor de ella. Sin embargo, cuando se sentó, no recordaba haberla extendido demasiado para cubrirse. Entonces, Señor, la inocencia de estas personas es tal, que la de Adán no sería mayor, en cuanto a la modestia. Ahora vea, Alteza, que vive en tal inocencia, si se convertirá o no, si se le enseña lo que pertenece a su salvación. Hecho esto, nos adelantamos a ellos para besar la cruz. Y nos despedimos y fuimos a comer.

Yo creo, Señor, que con estos dos desterrados que aquí se quedan, habrá dos grumetes más, que partieron esta noche a tierra, de este navío, en el esquife, fugitivos, que nunca más volvieron. Y creemos que se quedarán aquí porque por la mañana, agradando a Dios, nos vamos de aquí.

Esta tierra, Señor, me parece que desde la punta que hemos visto más hacia el sur, hasta la punta que está hacia el norte, que hemos visto desde este puerto, será tal que habrá 20 o 25 leguas en la costa. Trae a lo largo del mar en algunas partes grandes barreras, algunas rojas, otras blancas; y la tierra de arriba es toda llana y muy llena de grandes arboledas. De punta a punta es toda la playa... muy llana y muy bonita.

Desde el interior nos parecía, visto desde el mar, muy grande; porque cuando extendíamos los ojos, solo veíamos tierra y arboledas, tierra que nos parecía muy extensa.

Hasta ahora no hemos podido saber si hay en él oro o plata, o cualquier otra cosa de metal o hierro; ni siquiera lo vimos.

Sin embargo, la tierra en sí tiene muy buen aire fresco y templado, como los de Entre Douro y Minho, porque en este momento pensamos que eran como los de allí. Las aguas son muchas; infinitas. De tal manera es graciosa que, queriendo aprovecharla, todo se le dará; por las aguas que tiene.

Sin embargo, el mejor fruto que se puede sacar de ello, me parece, será salvar a estas personas. Y esta debe ser la semilla principal que Vuestra Alteza debe sembrar en ella. Y que no había nada más que tener a Vuestra Alteza esta posada para esta navegación de Calicut bastaba. ¡Cuánto más voluntad de cumplir y hacer lo que Vuestra Alteza tanto desea, a saber, el aumento de nuestra fe!

Y así doy cuenta a Vuestra Alteza de lo que he visto en esta tierra vuestra. Y si me he estirado un poco, Ella me perdona. Porque las ganas que tenía de contarte todo me hicieron ponerlo así para el niño.

Y como, Señor, es cierto que, tanto en este oficio que llevo como en cualquier otra cosa que sea de Vuestro servicio, Vuestra Alteza será muy bien servida de mí, le pido, concediéndome una singular merced, que envía desde la isla de Santo Tomé a Jorge de Osório, mi yerno, que de ella recibiré en gran favor.

Beso las manos de Su Alteza. De este Porto Seguro, de vuestra isla de Vera Cruz, hoy viernes 1 de mayo de 1500.

Pero Vaz de Caminha

El fin

Brevísima presentación del Nuevo Mundo

No se conoce el original de esta carta ni hay otras referencias. En 1895, el profesor Giuseppe Ferraro publicó un manuscrito italiano de esta carta, encontrado en una colección de los primeros viajes al nuevo mundo conservada en la Biblioteca Municipal de Ferrara.[7] Se considera que es una primitiva traducción veneciana del texto latino del *Mundus Novus*. Sin embargo, este texto fue impreso repetidas veces en vida de Vespucio, sin variantes dignas de mención, lo que permite considerarlo equivalente del original desaparecido.

Las primeras ediciones fueron hechas en latín sin indicación de lugar ni fecha, aunque se las supone de París a fines de 1503 o principios de 1504. La primera edición con pie de imprenta es de Habsburgo, por Johannes Otmar Vindelice, 1504, con el título de *Mundus Novus. Albericus Verspucius Laurentio de Medicis salutenpluriman dicit*. Hasta hoy se han identificado trece de estas primitivas ediciones latinas, las que llevan a continuación del título este exordio:

Ex italica in latinam linguam iocondus interpres hanc epistolam vertit, etc.

Vale decir que el original estaba redactado en italiano, del cual lo tradujo al latín un tal Jocundus. Para Bandini y Humboldt este Jocundus fue Giulano di Bartolomeo del Giocondo, florentino establecido en Lisboa en tiempos de Vespucio. Sin embargo, se cree que se trata de fray Giovanni del Giocondo, arquitecto y erudito veronés que residió

---

7 *Relazione delle scoperte fatte da C. Colombo, da A. Vespucci e da altri, dal 1492 al 1506*; Bolonia, 1895; págs. 152-154. (N. del E.)

en París de 1499 a 1507. Sea como fuere, la traducción de Giocondo constituye la única fuente de las ediciones y traducciones existentes. Ya en 1505, dicho texto fue traducido al alemán y al holandés y publicado varias veces hasta 1508. En el siglo XIX han reproducido la traducción de Giocondo: Varnhagen, *Amerigo Vespucci*, págs. 18-29, junto con el texto italiano; la *Raccolta Colombina, Fonti italiani*, vol. II, págs. 123-135, también acompañada de la versión italiana; y H. Vignaud, *Americ Vespuce*, págs. 305-311.

El texto latino de Giocondo fue traducido al italiano e incorporado a la colección de viajes editada por Fracanzio de Montalbodo en Vicenza, 1507, bajo el título de *Paesi novamente retrovati et Novo Mondo da Alberico esputio florentino intitulato*. Esta colección tuvo mucho éxito, y se editó en 1508, 1512, 1517, 1519 y 1521. En alemán, holandés y en francés. El texto de la carta de Vespucio contenida en los *Paesi* fue adoptado por Varnhagen para su citada edición bilingüe; por los editores de la *Raccolta Colombiana*; por Markham para su traducción contenida en *The Letters of Americus Vespucci* (Londres, 1894), págs. 42-56. Levillier la reproduce en *América la bien llamada*, v. II, págs. 355-361, siguiendo a Varnhagen.

Los *Paesi* dieron origen a otra familia de ediciones, pues retraducidos al latín por un tal Archangelo Madrignano, fueron impresos en Milán, en junio de 1508, con el título de *Itinerarium Portugalensium*, reeditándose en 1532, 1537 y 1555. La carta de Vespucio incorporada al *Itinerarium* venía a ser, pues, una traducción biznieta (original italiano —versión latina del Giocondo— texto italiano de los *Paesi* —en traducción latina de Madrignano).

Para complicar aún más este cuadro de traducciones y nuevas versiones, se registra otro texto italiano: el de Ramusio. En 1550 apareció en Venecia el primer tomo *Delle navigationi et viaggi*, colección ordenada por Ramusio, en el que se incluye una traducción del *Mundus Novus* con cambios y supresiones importantes. Pese a que tales libertades quitan autoridad a la versión de Ramusio, la aceptación que tuvieron sus *Navigationi et viaggi* durante el siglo XVI y comienzo del XVII, hizo que dos investigadores tan juiciosos como Bandini y Canovai prefirieran el texto de Ramusio al de los *Paesi*, en sus respectivas vidas de Vespucio. A través de Canovai, la traducción de Ramusio fue llevada al inglés por Lester, *The Life and Voyages of A. V.* (New Haven, 1856), págs. 202-222 y reproducida por Ober, *Amerigo Vespucci...*, págs. 184-193. La Biblioteca Nacional de Colombia publicó en 1942 una versión castellana de esta carta, a la que no sabemos por qué se la denomina «primer duplicado del tercer viaje».

Américo Vespucio a Lorenzo Pedro de Médicis, salud

Días pasados muy ampliamente te escribí sobre mi vuelta de aquellos nuevos países, los cuales, con la armada y a expensas y por mandato de este serenísimo rey de Portugal hemos buscado y descubierto; los cuales Nuevo Mundo nos es lícito llamar, porque en tiempo de nuestros mayores de ninguno de aquéllos se tuvo conocimiento, y para todos aquellos que lo oyeran será novísima cosa, ya que esto excede la opinión de nuestros antepasados, puesto que de aquéllos la mayor parte dice que más allá de la línea equinoccial y hacia el mediodía no hay continente, solo el mar, al cual han llamado Atlántico; y si alguno de aquéllos ha afirmado que había allí continente, han negado, con muchas razones, que aquélla fuera tierra habitable. Pero que esta opinión es falsa y totalmente contraria a la verdad, lo he atestiguado con esta mi última navegación, ya que en aquella parte meridional yo he descubierto el continente habitado por más multitud de pueblos y animales [que] nuestra Europa, o Asia o bien África, y aún el aire más templado y ameno que en otras regiones por nosotros conocidas, como más abajo sabrás, dónde brevemente solo de las cosas principales escribimos y las más dignas de habitarse y de recordar, las cuales fueron en este nuevo mundo por mí vistas o bien oídas, como más adelante serán referidas.

Orden de la navegación con una grandísima fortuna
Con feliz navegación a 14 días del mes de mayo de 1501 partimos de Lisboa, por orden del mencionado rey, con tres naves a buscar nuevos países hacia el austro, y navegamos

veinte meses[8] continuamente hacia el mediodía. De la cual navegación el orden es así. Nuestra navegación fue por las por las islas Afortunadas, así antes nombradas, pero al presente se llaman islas de Gran Canaria, las cuales están en el tercer clima y en los confines del occidente habitado. Luego por el océano recorrimos todo el litoral africano y parte etiópico hasta el promontorio Etíope, así por Tolomeo nombrado, el cual ahora por los nuestros se llama Cabo Verde y por los etíopes Biseghier, y aquel país Mandraga, en los 14 grados dentro de la zona tórrida de la línea equinoccial hacia la septentrional, la cual por gentes y pueblos negros está habitada. Allí recuperadas las fuerzas y las cosas necesarias a nuestra navegación, levamos anclas y desplegamos las velas a los vientos; y tomamos nuestro viaje por el anchísimo océano hacia el polo antártico, un poquito hacia el occidente por el viento al cual se llama bolturno: y desde el día que partimos del dicho promontorio, navegamos por espacio de dos meses y tres días, antes que ninguna tierra apareciera ante nosotros. Lo que verdaderamente sufrimos en aquella inmensidad de mar, qué peligros de naufragios [y cuántas incomodidades físicas padecimos, cuántas ansiedades afligieron nuestra alma],[9] lo dejo a la estimación de aquellos que han conocido bien la experiencia de muchas cosas y de lo que significa buscar lo incierto y aún desconocido. Para que, en una palabra, narre brevemente todas las cosas, sabe que de 67 días que navegamos continuamente, 44 los tuvimos con lluvia, truenos y relámpagos, de tal modo oscuro que nunca vimos ni el Sol de día, ni serena la noche. Por todo lo cual nos entró tan gran pavor que ya casi toda espe-

8 Según Levillier (pág. 39) debe leerse 20 días. (N. del E.)
9 Lo comprendido entre corchetes falta en la versión italiana. Lo tomamos del texto latino. (N. del T.)

ranza de vida habíamos perdido. En estas verdaderamente tan terribles borrascas del mar y del cielo, plugo al Altísimo mostrar ante nosotros el continente y nuevos países y otro mundo desconocido. Lo cual cosa vista nos alegramos tanto como suele ocurrir a aquellos que de múltiples calamidades y de adversa fortuna salen con salud. Exactamente el día 7 de agosto de 1501 surgimos en las costas de aquellos países, agradeciendo a Dios nuestro señor con solemnes súplicas y celebrando una misa cantada. Allí conocimos que aquella tierra no era isla sino continente, porque se extiende en larguísimas playas que no la circundan y de infinitos habitantes estaba repleta. Y descubrimos en aquella mucha gente y pueblos y toda generación de animales silvestres, los cuales no se encuentran en nuestros países, y muchos otros nunca vistos por nosotros y a los cuales sería largo referirse uno a uno. Muchas cosas por la clemencia de Dios nos fueron dadas cuando a aquella región nos acercamos; porque como la leña y el agua nos faltaba, por pocos días podíamos prolongar la vida en el mar. A él el honor y la gloria y la acción de gracias.

Distancia desde el Cabo Verde al continente descubierto

Convinimos navegar siguiendo el litoral de este continente hacia oriente y no perderlo nunca visto y enseguida anduvimos tanto tiempo que llegamos a un golfo donde el litoral vuelve hacia mediodía y desde aquel lugar, donde primero tocamos tierra, hasta este golfo había cerca de 300 leguas. En esta parte de la navegación muchas veces descendimos a tierra, y conversábamos amigablemente con aquella gente, como luego sabrás. Había olvidado escribirte que desde el promontorio de Cabo Verde hasta el principio de este continente hay cerca de 700 leguas, aunque yo estimo que nosotros navegamos más de 1800, parte por ignorancia de los lugares y del piloto, y parte por la tempestad y los vientos los cuales impedían nuestro recto viaje empujándonos de una parte a otra y si los compañeros no hubiesen reconocido mi ánimo y que me era conocida la cosmografía, no había piloto o verdadero guía de la navegación, que a 500 leguas supiese dónde estábamos. Pues íbamos extraviados y errantes y los instrumentos únicamente nos señalaban con exactitud la verdad de los altos cuerpos celestes: y éstos eran el cuadrante y el astrolabio como todos sabemos. Y así desde entonces grandemente me han honrado. Pues les he mostrado que sin conocimiento de la carta de navegación [la ciencia de la navegación más comprendía][10] que todos los pilotos del universo mundo y que aquéllos no tienen noticia sino de los lugares que muchas veces han navegado. Donde verdaderamente el dicho seno de la tierra nos mostró la vuelta del litoral hacia el mediodía, convinimos excluirlo de nuestra navegación y buscar qué cosa había en aquellos países. Pues que navegamos siguiendo el litoral cerca de 600 leguas, y muchas veces descendimos a tierra y hablábamos y nos comunicábamos con los del país, y éramos recibidos por aquellos fraternalmente, y alguna ve estuvimos con ellos quince y veinte días continuos amigablemente y hospitalariamente, como sabrás luego. De este continente una parte está en la zona tórrida más allá de la línea equinoccial hacia el polo antártico, ya que su principio comienza a los 8 grados más allá de esa equinoccial. Siguiendo esta playa tan largo tiempo navegamos que pasado el trópico de Capricornio encontramos el polo antártico en su horizonte más alto 50 grados,

10   De la versión latina. (N. del T.)

y estuvimos cerca de ese círculo antártico en los 17 grados y medio. Y lo que allí he visto y conocido de la naturaleza de aquella gente y d sus costumbres y de su afabilidad, y la fertilidad de la tierra, de la salubridad del aire, de la disposición del cielo y de los cuerpos celestes y principalmente de las estrellas fijas de la 8.ª esfera por nuestros mayores nunca vistas o no tratadas, más abajo narraré.

Naturaleza y costumbres de aquella gente
Primeramente pues, en cuanto a la gente. En aquellos países hemos encontrado tal multitud de gente que nadie podría enumerar, como se lee en el Apocalipsis, gente, digo, mansa y tratable. Y todos de uno y otro sexo van desnudos, no se cubren ninguna parte del cuerpo, y así como han salido del vientre de la madre así hasta la muerte van. Tienen cuerpos grandes, bien plantados, bien dispuestos y proporcionados y de color tirando al rojo, lo cual pienso les acontece porque andando desnudos son teñidos por el Sol. Y tienen los cabellos abundantes y negros. Son ágiles en el andar y en los juegos y de una franca y hermosa cara, que ellos mismos destruyen. Pues se perforan las mejillas y los labios y las narices y las orejas; y no se crea que aquellos agujeros sean pequeños o también que tuvieran uno solo: pues he visto muchos, los cuales tienen, en la cara solamente, 7 perforaciones, cada una de las cuales tenía el tamaño de una ciruela; y cierran estos agujeros con piedras cerúleas, marmóreas, cristalinas y de alabastro, bellísimas y con huesos blanquísimos y otras cosas artificiosamente labradas según su costumbre; si vieses cosa tan insólita y a un monstruo semejante, esto es un hombre que tiene solo en las mejillas y en los labios 7 piedras, de las cuales muchas son del tamaño

de medio palmo, no dejarías de admirarte. Pues muchas veces he considerado y señalado el peso de estas 7 piedras en 16 onzas, sin contar que en cada oreja tienen otras piedras pendientes en anillo de 3 orificios; y esta costumbre es solo de los hombres; pues las mujeres no se agujerean la cara sino solo las orejas. Otra costumbre hay entre ellos muy atroz y fuera de toda credulidad humana. Pues siendo sus mujeres lujuriosas hacen hinchar los miembros de sus maridos de tal modo que parecen deformes y brutales y esto con un cierto artificio suyo y la mordedura de ciertos animales venenosos; y por causa de esto muchos de ellos lo pierden y quedan eunucos. No tienen paños de lana ni de lino ni aún de bombasí porque nada de ello necesitan. Ni tampoco tienen bienes propios, pero todas las cosas son comunes. Viven juntos sin rey, sin autoridad y cada uno es señor de sí mismo. Toman tantas mujeres cuantas quieren, y el hijo se mezcla con la madre, y el hermano con la hermana, y el primo con la prima y el viandante con cualquiera que se encuentra. Cada vez que quieren deshacen el matrimonio y en esto ninguno observa orden. Además no tienen ninguna iglesia, ni tienen ninguna ley ni siquiera son idólatras. ¿Qué otra cosa diré? Viven según la naturaleza, y pueden llamarse más justamente epicúreos que estoicos. No son entre ellos comerciantes ni mercan cosa alguna. Los pueblos pelean entre sí sin arte y sin orden. Los viejos con ciertas peroraciones inclinan a los jóvenes a lo que ellos quieren, y los incitan a la batalla, en la cual cruelmente juntos se matan: y aquellos que en la batalla resultan cautivos, no vivos sino para su alimento les sirven, en ocasión de ser matados; pues que unos a otros los vencedores se comen a los vencidos y de la carne, la humana es entre ellos alimento común. Ésta es cosa verdaderamente cierta; pues se ha visto al padre comerse a los hijos y a la mujer: y yo he conocido a un hombre, con el cual he hablado, del que se decía había comido más de 300 cuerpos humanos. Y aún estuve 27 días en una cierta ciudad, donde vi en las casas la carne humana salada y colgada de las vigas, como entre nosotros se usa ensartar el tocino y la carne de cerdo. Digo mucho más: que ellos se maravillan porque nosotros no matamos a nuestros enemigos, y no usamos su carne en las comidas, la cual dicen ser sabrosísima. Sus armas son el arco y la flecha: y cuando se enfrentan en batalla, no se cubren ninguna parte del cuerpo para defenderse, de modo que aún en esto son semejantes a las bestias. Nosotros, cuando nos ha sido posible, nos hemos esforzado en disuadirlos y en cambiar estas costumbres perversas, que nos prometieron abandonar. Las mujeres, como te he dicho, aunque andan desnudas y son libidinosas, no tienen nada defectuoso en sus cuerpos, hermosos y limpios, ni tampoco son tan groseras como alguno quizá podría suponer, porque aunque son carnosas, falta a la par de ello la fealdad, la cual en la mayor parte está disimulada por la buena estatura. Una cosa nos ha parecido milagrosa, que entre ellas ninguna tuviera los pechos caídos; y las que habían parido por la forma del vientre y la estrechura no se diferenciaban en nada de las vírgenes, y en las otras partes del cuerpo parecían lo mismo, las cuales por honestidad no las menciono. Cuando con los cristianos podían unirse, llevadas de su mucha lujuria, todo el pudor de aquellos manchaban y abatían. Viven 150 años y pocas veces se enferman y si caen en una mala enfermedad a sí mismos se curan con ciertas raíces de hierbas. Éstas son las cosas más notables que conocí acerca de aquéllos. El aire allí es muy templado y bueno y según pude saber por relación de ellos mismos, nunca hubo allí peste o enfermedad alguna, producida por el aire corrompido: y si no se mueren de muerte violenta, viven una larga vida, creo porque allí siempre soplan vientos australes y especialmente aquel que nosotros llamamos euro, el cual significa para ellos lo que para nosotros el aquilón. Se deleitan pescando: y aquel mar es muy apto para pescar, porque es abundante de toda especie de pescados. No son cazadores, pienso, porque habiendo allí muchas generaciones de animales silvestres y principalmente leones y osos, e innumerables serpientes y horribles y deformes bestias, y además selvas grandísimas y árboles de inmenso tamaño, no tienen la osadía de exponerse desnudos, sin defensa alguna ni armas, a tantos peligros.

Fertilidad de la tierra y calidad del cielo

La tierra de aquellos países es muy fértil y amena y con muchas colinas, montes e infinitos valles y abundante de grandísimos ríos y de salutíferas fuentes ricas en aguas y dilatadísimas selvas densas e impenetrables y copiosamente llenas de toda generación de fieras. Árboles grandes arraigan allí sin cultivador, de los cuales, muchos frutos son deleitables al gusto y útiles a los humanos cuerpos, otros verdaderamente al contrario: y ningún fruto es allí semejante a los nuestros. Se producen allí innumerables especies de yerbas y raíces, de las cuales hacen pan y óptimas viandas. Y tienen muchas simientes absolutamente distintas a las nuestras. Ninguna especie de metal allí se encuentra, excepto oro, el cual en aquellos países abunda, aunque nada de ello hemos traído nosotros en esta nuestra primera navegación. Y de esto nos dieron noticia los habitantes, los cuales nos afirmaban que allá tierra adentro había grandísima abundancia de oro, no siendo entre ellos estimado en nada ni tenido en aprecio. Abundan las perlas, como otras veces te he escrito. Si de todas las cosas que allí son dignas de recordar, y de las distintas generaciones de animales y de su multitud quisiera escribir, sería cosa de todos modos prolija y considerable. Y creo ciertamente que nuestro Plinio no haya tocado la milésima parte de las especies de los papagayos y del resto de los otros pájaros e igualmente animales, que están en aquellos mismos países, con tanta diversidad de figuras y de colores que Policleto,[11] el artífice de la perfecta pintura, habría fracasado en pintar a aquéllos. Todos los árboles allí son olorosos y mana de cada uno goma, o también aceite o también cualquier otro licor, de los cuales, si las propiedades nos fueran conocidas no dudo que a los humanos cuerpos serían saludables. Y ciertamente si el paraíso terrestre en alguna parte de la tierra está, estimo que no estará lejos de aquellos países. De los cuales, el lugar, como te he dicho, está al mediodía, en tanta templanza de aire que allí nunca se conocen no los inviernos helados ni los veranos cálidos.

Las estrellas de aquel polo antártico

El cielo y el aire una gran parte del año están serenos y vacíos de densos vapores. En aquel lugar las lluvias caen menudamente y duran por 3 o 4 horas, y se disipa a semejanza de una niebla. El cielo está adornado de bellísimos signos y figuras, en los cuales yo he notado cerca de veinte estrellas de tanta claridad como algunas veces hemos visto a Venus y a Júpiter. Los movimientos y circuitos de ellas he considerado y he medido la circunferencia y el diámetro simplemente por métodos geométricos, y he conocido ser ellas de mayor magnitud. Vi en aquel cielo 3 Canopes, 2 verdaderamente

11 Policleto era escultor. Vespucio quiere referirse al pintor Polignoto.
(N. del T.)

47

claros y el otro oscuro. El polo antártico no está representado por la Osa mayor y menor, como nuestro ártico aparece, ni cerca de él se ve estrella alguna clara; y de éstas las que son impulsadas con breve órbita alrededor de aquél. Tres son las que tienen la figura del triángulo octogonal, de las cuales la que está en el medio tiene 9 grados y medio de circunferencia; y cuando éstas surgen por la izquierda se ve un Canope blanco de singular grandeza: cuando llegan a mitad del cielo tienen esta figura:

Después de éstas vienen otras dos, de las cuales la del medio tiene la circunferencia de 12 grados y medio de diámetro y con ellas se ve otro Canope blanco. Y a éste seguían otras seis estrellas bellísimas y clarísimas entre todas las otras de la octava esfera, de las cuales, en la superficie del firmamento, la del medio tiene la circunferencia de 32 grados de diámetro; y con ellas va un Canope negro de una gran magnitud, y si se ven en la Vía láctea, cuando están en la línea meridional, tienen esta figura:

Cosas de aquel hemisferio que rechazan los filósofos

Muchas otras estrellas bellísimas he conocido, de las cuales he anotado diligentemente, y muy bien, los movimientos, en un cierto librito mío que especialmente escribí durante esta navegación, el cual al presente tiene este serenísimo rey, que espero me lo restituirá. En aquel hemisferio he visto cosas no conformes a la razón de los filósofos. La blanca Iris cerca de la medianoche ha sido vista dos veces, no solamente por mí sino por todos los marineros. Asimismo muchas veces hemos visto la Luna nueva en el día en que con el Sol se conjugaba. En aquella parte del cielo cada noche cruzan en todas direcciones muchísimas exhalaciones y luminarias. Te dije un poco antes: aquel hemisferio con respecto del nuestro; sin embargo, porque se asemeja a tal forma, así me ha parecido llamarlo.

Forma de la cuarta parte de la tierra descubierta
Pues bien, como te he dicho, desde Lisboa donde nosotros partimos, que de la línea equinoccial está distante 39 grados y medio, y navegamos más allá de la línea equinoccial por 50 grados, los cuales unidos hacen 90 grados; la cual suma, alcanza a la cuarta parte del círculo máximo, según la exacta razón del medir dada a nosotros por nuestros antepasados; es pues cosa manifiesta, haber navegado nosotros la cuarta parte del mundo. Y por esta razón nosotros, los que habitamos Lisboa cerca de la línea equinoccial 39 grados y medio de latitud septentrional, estamos encima de aquellos que habitan a los 50 grados de latitud meridional, más allá de la línea, angularmente en el quinto grado en la línea transversal; y para que esto más claramente entiendas, la línea perpendicular que mientras nosotros estamos derechos nuestro vértice está suspendido sobre nuestra cabeza desde el más alto punto del cielo, a aquéllos cae de lado y aún en los costados. De lo cual resulta que nosotros estamos en la línea recta y ellos en la transversal, formando un triángulo octogonal, del cual nosotros estamos en la perpendicular [que forma el ángulo recto; y ellos en la otra línea que forma la base de dicho ángulo, y la hipotenusa hacia ellos y hacia nosotros tiende los vértices][12] como por la figura resultará evidente. Y dichas estas cosas de la cosmografía, son más que suficientes.

12 Tomado de la versión latina. (N. del T.)

Por qué este libro se llama «Tercera jornada»
Éstas fueron las cosas notables que he visto en mi última
navegación, que yo llamo la tercera jornada ya que las otras
dos jornadas fueron otras dos navegaciones que por orden
del serenísimo rey de España hice había el occidente. En las
cuales he observado milagrosas cosas de aquel sublime crea-
dor de todo, Dios nuestro, la perfección; de todas las cosas
notables he hecho un Diario, de modo que si alguna vez se
me diese tiempo, pudiera todas estas cosas una a una admi-
rablemente reunir, y componer un libro o bien de geografía,
o bien de cosmografía, de modo que la posteridad de mí
tuviera recuerdo, y del omnipotente Dios un tan inmenso
artificio se conociese en parte por nuestros antepasados ig-
norado, pero conocido por nosotros. Ruego pues al clemen-
tísimo Dios que me prolongue los días de la vida, para que
con su buena gracia y con salud del alma de esta mi voluntad
la óptima disposición pueda ejecutar. Las otras dos jornadas
en mi fuero interno me las reservo, y restituyéndome este
serenísimo rey la jornada tercera, me esforzaré en volver a
la patria y a la quietud, donde con la pericia adquirida y por
los amigos confortado y ayudado, podré acabar esta obra.

Exudaciones de Américo y cuál es su pensamiento
Yo te pido perdón si ésta mi última navegación, o mejor
última jornada, no te la he mandado, como por mis últimas
cartas te había prometido, creo que tú entiendes la causa,
que de este serenísimo rey ni aún los libros he podido tener.
Yo pienso que aún haré la jornada cuarta y resuelto que yo
tenga esto, ya nos han hecho la promesa de dos naves con

sus armamentos a fin de que me apreste a buscar nuevas regiones hacia mediodía de la banda de levante por el viento que se llama ábrego. En la cual muchas cosas pienso hacer en alabanza de Dios y utilidad de este reino y honor de la vejez mía. Y ya nada más espero, sino la licencia de este serenísimo rey. Dios permita que ello sea para bien. Sabrás aquello que se haga.

Contra la audacia de quien quiere saber más de lo que es lícito

El intérprete Iocondo ha traducido esta epístola de la lengua española a la romana[13] para que los latinos entiendan cuántas admirables cosas en el viaje se encuentran y se abata la audacia de aquellos que del cielo y de la majestad quieren investigar y saber más que lo que es lícito, ya que desde tanto tiempo que el mundo ha comenzado no se ha descubierto la grandeza de la tierra y lo que en ella se contiene.

---

13   El texto latino dice: «Ex italica in latinam linguam Iocundus interpres hanc epistolam vertit...». (N. del T.)

Libros a la carta

A la carta es un servicio especializado para
empresas,
librerías,
bibliotecas,
editoriales
y centros de enseñanza;
y permite confeccionar libros que, por su formato y concepción, sirven a los propósitos más específicos de estas instituciones.

Las empresas nos encargan ediciones personalizadas para marketing editorial o para regalos institucionales. Y los interesados solicitan, a título personal, ediciones antiguas, o no disponibles en el mercado; y las acompañan con notas y comentarios críticos.

Las ediciones tienen como apoyo un libro de estilo con todo tipo de referencias sobre los criterios de tratamiento tipográfico aplicados a nuestros libros que puede ser consultado en Linkgua-ediciones.com.

Linkgua edita por encargo diferentes versiones de una misma obra con distintos tratamientos ortotipográficos (actualizaciones de carácter divulgativo de un clásico, o versiones estrictamente fieles a la edición original de referencia).

Este servicio de ediciones a la carta le permitirá, si usted se dedica a la enseñanza, tener una forma de hacer pública su interpretación de un texto y, sobre una versión digitalizada «base», usted podrá introducir interpretaciones del texto fuente. Es un tópico que los profesores denuncien en clase los desmanes de una edición, o vayan comentando errores de interpretación de un texto y esta es una solución útil a esa necesidad del mundo académico.

Asimismo publicamos de manera sistemática, en un mismo catálogo, tesis doctorales y actas de congresos académicos, que son distribuidas a través de nuestra Web.

El servicio de «libros a la carta» funciona de dos formas.

1. Tenemos un fondo de libros digitalizados que usted puede personalizar en tiradas de al menos cinco ejemplares. Estas personalizaciones pueden ser de todo tipo: añadir notas de clase para uso de un grupo de estudiantes, introducir logos corporativos para uso con fines de marketing empresarial, etc. etc.

2. Buscamos libros descatalogados de otras editoriales y los reeditamos en tiradas cortas a petición de un cliente.

www.ingramcontent.com/pod-product-compliance
Lightning Source LLC
Chambersburg PA
CBHW020608030426
42337CB00013B/1278